happy love

(amor feliz)

Grupo ROBIN BOOK
Barcelona - México
Buenos Aires

happy love

(amor feliz)

Un pequeño libro para enamorados

Berta Navascués

LIBROAMIGO

Ilustraciones: Berta Navascués

Diseño de cubierta e interior: Cifra (www.cifrabcn.com)

ISBN: 978-84-9917-107-4
Depósito legal: B-12.839-2.011

Impreso por S.A. DE LITOGRAFIA
Ramón Casas, 2 esq. Torrent Vallmajor
08911 Badalona (Barcelona)
Tel. 93 384 76 76 Fax 93 384 78 39

Impreso en España - Printed in Spain

All is full of love

Pasead juntos
bajo la lluvia.

Disfrutad de
las pequeñas cosas.

Hazle un regalo
de forma inesperada.

Una tarde de tormenta
hablando en el sofá.

Un cálido masaje
en los pies.

Unas flores, un libro
y una sonrisa.

Tomad juntos
un baño caliente.

Una botella de vino,
dos copas
y confidencias al oído.

Una llamada
a medianoche.

Chapotead en el mar
y jugad con las olas.

Disfrutad de una película
cogidos de la mano.

DANCE
ACTION
HUMOR

Caminad descalzos
por la arena húmeda
de la playa.

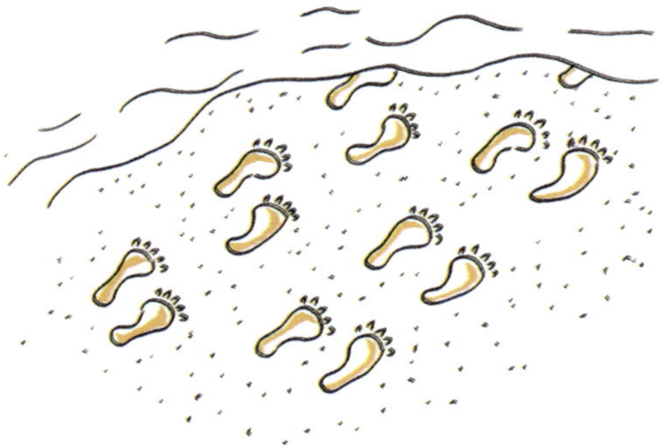

Cocinad juntos ese plato
que tanto os gusta.

SAL
AZÚCAR

Una siesta bajo un árbol
junto a un prado con flores.

Contemplad el mar
una mañana soleada.

La ternura de un abrazo
cuando llegas a casa.

Estar siempre a su lado
cuando lo necesite.

Ayúdale a ser quién es.

Evita las peleas
cuando surge una disputa.

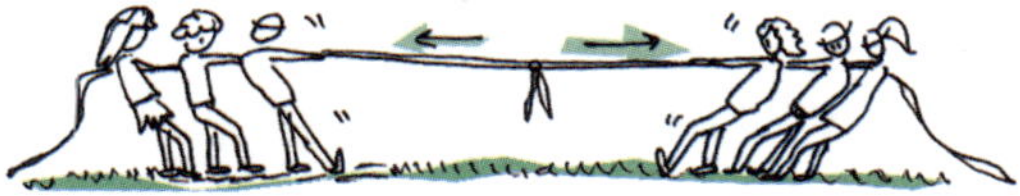

Reconoce los errores
y pide disculpas.

Préstale toda la atención
que merece y más.

Envíale un correo romántico.

Recuerda la fecha
de su aniversario.

Abril
23
s. Jorge
Abril
24

Limpiad juntos los platos
después de una fiesta.

uffsss....

Aprende cuándo conviene
desaparecer
y dejarle a solas.

Prepárale esa infusión
que tanto le gusta
antes de acostarse.

Id cogidos de la mano
para que todos lo vean.

Caliéntale los pies
con los tuyos.

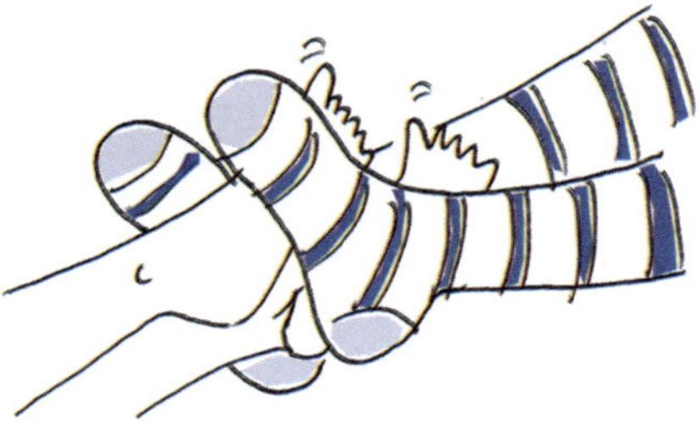

Compartid una puesta de sol.

Llámale para asegurarte
de que ha llegado bien
a casa.

pip pip
pip
pip
pip

No juegues
con sus emociones.

Organiza una fiesta sorpresa
el día de su cumpleaños.

SORPRESA!!

Hoy puedes leerle
una poesía bajo la luz
de la luna.

Trata de entender
su temperamento.

Declárale tu amor
una y otra vez.

ONLY
YOU
LOV

Dale un abrazo
cuando llegue a casa.

Busca momentos
para estar a solas.

Intenta saber
dónde le encontrarás.

Un largo fin de semana
en un hotel tranquilo.

DO
NOT
DISTURB

Trata de no pisotear sus sentimientos.

El amor es la intimidad,
el acercamiento y la pasión.

Contad los días que pasan sin estar juntos.

L M M J V S D
1 2 3
4 5 6 7 8 9 10
11 12 13 14 15 16 17
18 19 20 21 22 23 24
25 26 27 28 29 30 1

Mírale de esa manera sexy
que tanto le gusta.

grrrr

Descubre qué le hace reir.

Evita dar órdenes.

A veces la distancia consolida
una relación profunda.

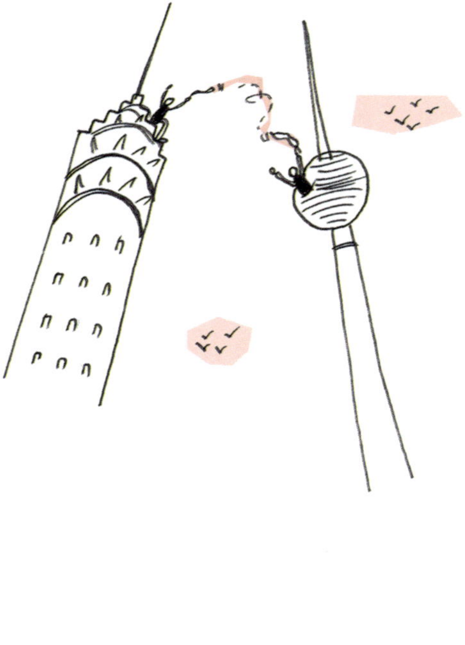

No vivas a expensas
de tu pareja.

Busca siempre lo positivo.

Déjale una nota de amor
en su bolsillo.

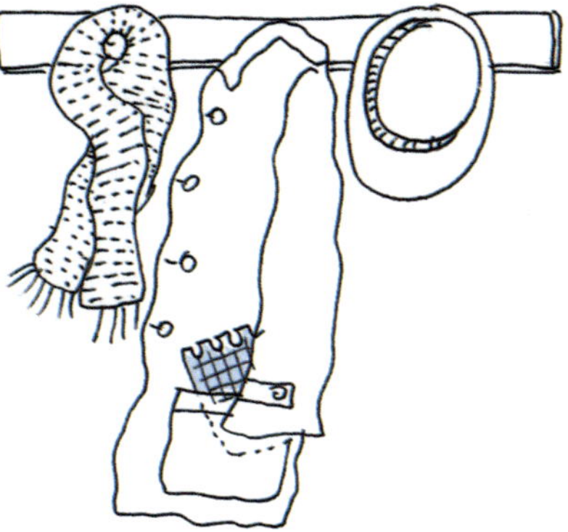

Trata de mantener viva
la llama en todo momento.

Haz que cada día sea
una aventura especial.

Ofrécele el desayuno
con un buenos días y un beso.

te quiero,

Haceros una foto
de vez en cuando
haciendo muecas.

Puedes decírselo también
con una canción.

SINATRA
Romance

Trata de mantener
siempre el buen humor.

Un baile improvisado
cuando suena esa música
que tanto os gusta.

Trata de complacer a tu pareja
en todo momento.

Compartid una sonrisa
y tal vez una carcajada.

jaja
JA
JA
JA
jaja
JA
jaja
JA

Simplemente,
dile que le quieres.

Y recuerda
que no existe el amor
sin las pruebas de amor.

Otros títulos de **LIBROAMIGO**

Be happy (sé feliz)
Un pequeño libro
que te ayuda a ser feliz

Happy mami
(una mamá feliz)
Un libro para las que acaban
de ser mamás o están a
punto de serlo

The book of love
(El libro del amor)
Todo lo que necesitas es amor, y todo el amor del mundo está en este libro.

Have a nice day
(que tengas un buen día)
Los mejores deseos para encontrar la felicidad cotidiana

Sorry, I love you
(lo siento, te quiero)
Los mejores consejos para caminar juntos por la senda del amor